ce volume, Amoureuses,
est le troisième de la collection
Cahiers de Poésie Brève,
aux Éditions D'un Jardin

amoureuses

collectif

tanka

Françoise Seguin

assise en terrasse
où les passants vont et viennent
où moi je t'espère
ton approche au loin transforme
le poids du tissu de l'air

27 centigrades
une goutte de sueur
au creux de mes reins
je souris de la mêler
au parfum posé pour lui

elle le regarde
dans la tresse de ses doigts
en moucharabié
le bar tout autour s'éloigne
les voici seuls tous les deux

au rythme des roues
le train nous porte déjà
au fracas des vagues
de mon genou ton regard
monte à mon grain de beauté

aube rougissante
sur le bruissement du sable
la mer se retire ~
juste en lisière des pins
deux vélos l'un contre l'autre

ce soir de printemps
devant moi il se rhabille
ourlé de langueur
le vent du sud gonfle encore
la soie bleue des rideaux

aux franges du temps
dans les plis du drap froissé
reste ton odeur
tu as laissé sur le ciel
le sillon d'une alouette

Melody Thiel

bouquet d'orchidées
elle verse une larme
dans une tasse à café
si loin de toi sur mon ventre
la lune toute ronde

des lettres froissées
mon visage chiffonné
de si bon matin
comment écrire l'amour
après toutes ces années ?

mon pyjama rose
se faufile entre tes doigts
juste un bout de ciel
un soir de lune gibbeuse
souviens-toi de cette nuit

souvenir d'été
des initiales brodées
sur un bout de toile
deux amants se sont aimés
loin des regards indiscrets

Alizirine Blandine

entre gouttes marche
cette femme sous la pluie
droite lumineuse
la bouche ouverte sa langue
gourmande reçoit l'instant

rafales de grêle
sous l'auvent des casseroles
serrés en sardines
deux ados les yeux fermés
deux ados tout enlacés

en traits quotidiens
sans souvenir de demain
nous croquons la carte
chuchote peau contre peau
le méli mélo des corps

j'ai dormi longtemps
dans les nuits blanches de toi
aux fêtes de vie
je refusais de te croire
absent parti pour toujours

effacer le nous
en chemin de solitude
boire en compagnie
cette vie si facile
oublier l'amer d'amour

parce que c'est toi
parce que c'est moi aussi
un deux trois soleil
perdu ou gagné qu'importe
parce que c'est comme ça

Geneviève Marceau Vacchino

un bain tourbillon
à la lueur de ses yeux
son souffle salin
j'apprends à me laisser faire
l'amour par un étranger

nuit des Perséides
il fraie un chemin de nuit
entre mes jambes
un insecte inconnu
s'invite aussi ailleurs

amour printanier
un peu de sa sève coule
entre mes doigts tiède
je soupire devant elle
la lune aussi je crois

fantasme d'hiver
l'océan à perte de vue
entre mes cuisses
il m'embrasse dans le cou
puis s'endort sur mon ventre

au temps des cerises
il défait son kimono
en goûtant mon sein
la pleine lune recouvre
nos corps de soie brillante

mai en amoureux
entre les branches en feuilles
chantonne la vie
sa main comme un oiseau vif
se pose sur mon épaule

ma jupe il soulève
dans un coin de paradis
un soir au couchant
je glisse de plus en plus
sur la pente lumineuse

la nuit d'insomnie
à caresser notre chat
et nos souvenirs
il vient m'offrir une tisane
de mélisse et de miel bleu

sur mon ventre rond
papillonne sa main blanche
lui trouver un nom
j'écrirai des noms de fille
et lui des noms de garçon

Virginie Buisson-Delandre

vivre pour un souffle
l'ombre de l'ombre au soleil
en plein cœur du jour
dans l'ivresse vivre à peine
de l'attente d'un regard

idole extatique
souffle coupé – un regard
conforte l'espoir
désir glissant sur un corps
mais sans jamais s'arrêter

encore un degré
la canicule s'affole
dans le jour mourant
la chaleur a tout brûlé
le désir s'est étiolé

volubilis pourpres
incandescence étouffée
sous la respiration rauque
la source se tait soudain
la rivière est souterraine

heure trop légère
l'air embaume le jasmin
un soir de l'été
regards posés sur ma main
à la caresse impatiente

lumière de l'aube
si doux ton souffle léger
l'amandier en fleurs
dans le parfum entêtant
le plaisir renouvelé

Danièle Duteil

encore un matin
une saison traversée
qu'importe le temps
t'accueillir comme une fête
à chacun de tes retours

dans l'aube naissante
une à une les étoiles
cessent de frémir
vois dans le foyer la braise
toujours prête à s'enflammer

froideur printanière
au cœur de la prime rose
l'abeille figée
morsure du vent pugnace
de ta bouche sur ma peau

premières clartés
à travers les volets clos
endormi encore
des ombres jouent sur ton corps
réinventant tes contours

les sillons du temps
à ton front toujours serein
tes éclats de rire
quand hurle le vent du large
ah ! laisser faire la houle

des couples muets
pour un dîner tête à tête
dans nos yeux pétillent
tant de bulles de champagne
si nous partions pour Venise ?

partager un slow
dans le halo de la lampe
un vieux trompettiste
au milieu du corps à corps
laisse le temps s'arrêter

printemps sans averse
du matin au soir le chant
du coucou caché
sur mes lèvres bien trop sèches
j'attends le baume des tiennes

jour anniversaire
des années vécues ensemble
ce jardin intime
dans le flot du quotidien
l'avons-nous bien préservé

début de l'été
du soleil dans les filets
les derniers éclats
sur ta peau au goût de sel
je voyage encore un peu

le bruit de la plume
sur la page du carnet
parfois je regrette
de n'avoir plus à t'écrire
mots frissons au creux d'un pli

Patricia Arseneau

des becs des larmes
des chatteries traîtresses
nous qui foutons l'camp
même nos peaux ridées
sont rêves qui disparaissent

journée d'évasion
temps d'oublier les tensions
d'étendre nos os
de roussir nos peaux blanches
sans les dessécher au vent

amour disparu
ceux des «je t'aime» toujours
ma peau est dense
elle est devenue tambour
et m'évite une connerie

il me caresse
et s'ennuie de son ivresse
il veut bien m'aimer
mais le rhum le captive
avec lui il ne sent rien

mes doigts parfumés
dans les plis de mon jardin
me libèrent de nous
me rassurent sur mon pouvoir
de vibrer sans toi

Sandrine Waronski

Brume sur le pont
le parfum de ses caresses
réveille mes sens
un chant d'oiseau à travers
les volets du nid douillet

Café allongé
dans la tasse en porcelaine
boire ses paroles
un tout petit peu de miel
pour attiser les papilles

Murmure du vent
une nuée d'étourneaux
déchire le ciel
un flocon de mimosa
à l'orée de ses lèvres

Déjeuner sur l'herbe
picorer du bout des doigts
un grain de raisin
puis voler dans une bulle
de fruits aux goûts défendus

Silence de braise
sur le lac au velours rose
juste toi et moi
une frêle libellule
trouble notre tête-à-tête

Route de campagne
le chuchotis des baisers
sous les nuages
avancer à petits pas
sans penser au lendemain

Humer son regard
tendres frissons avivés
en un clin d'œil
lovées sur la balancelle
deux âmes enivrées d'étoiles

Fleur de cerisier
effeuiller avec ardeur
ses pétales d'ange
et voguer sur la rivière
des désirs inassouvis

Bruissement de soie
deux ailes de papillon
capturent la lune
elle glisse sur mon doigt
une promesse éternelle

Hélène Duc

déjà plus de rose
sur les cerisiers en fleur
au long des vitrines
mes joues d'amoureuse encore
légèrement empourprées

longtemps négligé
mon tiroir de lingerie
s'ouvre de nouveau
un rai de soleil effleure
les myosotis séchés

heure du couchant
par la fente des volets
l'odeur du pêcher
sur ma cuisse nue soudain
le bruit d'une jarretelle

lisible à qui veut
cet amour que j'ai de lui
de lui ! de lui seul !
en nos nuits aveugles au monde
le braille de nos frissons

au coin de la vitre
une toile d'araignée
agrandit la lune
sur nos peaux si minuscules
les gouttelettes de sueur

touffeur de l'automne
chaque orage qui éclate
étoffe les flaques
mon espoir de te revoir
grandit encore plus vite

jardin délaissé
et mon corps nu tout autant
où est tu, amour ?
la caresse des feuillages
ne remplace pas les tiennes

miaulant lascive
en cherchant ma compagnie
elle tourne en rond
la pauvre chatte engrossée
et toi si présent en moi

à quel échelon
sur l'échelle de l'oubli
suis-je à présent ?
passant devant sa maison
les volets repeints en bleu

matinée d'hiver
la pierre ponce qui passe
sur et sous mes pieds
dehors le brouillard efface
le chemin menant vers toi

brume en devenir
je me souviens de son visage
mais pas de son nom
la nacre du tulipier
luisant par intermittence

Monique Junchat

un corbeau s'envole
longtemps après son départ
la branche frémit
apprivoiser ton absence
me prend des jours et des nuits

dans le tilleul nu
la pie teste l'ancien nid
de la tourterelle
tes clins d'œil aux jeunes dames
je feins de les ignorer

la fin de l'automne
d'un arbre reste la souche
dans le jardin vide
de mes pensées je te chasse
mais sans cesse tu reviens

miroirs en façade
les grands hôtels se mélangent
avec les nuages
transparente dans la foule
tu m'as croisée sans me voir

son coup de klaxon
il arrive à l'heure pile
comme il me hérisse !
j'ajoute un soupçon de poivre
et remets du rouge à lèvres

dans le train sans lui
je regarde avec ses yeux
derrière moi
ce héron blanc dans la nuit
seul de dos au bord du lac

ne jamais savoir
qui va monter dans le tram
à l'arrêt d'après
chaque seconde suivante
s'attendre à tout et à toi

les canards en bandes
ont délaissé la rivière
aux premiers frimas
dans le cornet de marrons
tes longues mains virevoltent

sous le marronnier
la table en bois recouverte
de pétales blancs
au vent du soir je frissonne
sais-tu quand tu reviendras

toujours aussi vert
l'automne n'a pas de prise
sur le grand sapin
presqu'à l'hiver de ma vie
je me brûle à ta jeunesse

la nouvelle année
en permanence imprégnée
du désir de lui
vin des vendanges tardives
je te bois jusqu'à la lie

le petit sentier
pour le papillon et moi
juste assez de place
ira-t-il voler plus loin
si tu viens à ma rencontre

au rosier grimpant
s'accrochent fleurs et épines
des traces de rouge
sur ta veste de velours
me font détester l'automne

tant de sécheresse
arrivée trop tard la pluie
n'a pu sauver l'arbre
aucune eau miraculeuse
ne me guérira de toi

depuis ton départ
à t'attendre tant et tant
mes rêves s'épuisent
dans les vitres des buildings
les nuages s'effilochent

il quitte la mouche
pour l'oiseau à la fenêtre
le chat insouciant
là où mon regard se pose
c'est toujours toi que je vois

que n'ai-je la force
comme les coquelicots
de vivre en bordure
des chantiers et des ruines
où tu ne verrais que moi

les ailes ouvertes
englué dans le goudron
le bourdon soyeux
trop brûlée par ton soleil
pour reprendre mon envol

de la joie de vivre
le chant des oiseaux remplit
le petit matin
comment pourraient-ils savoir
que ton silence me tue

lascive au soleil
sens dessus dessous la terre
attend les semailles
tes mains douces sur ma peau
réveillent tout un jardin

Virginie Colpart

sans dessus-dessous
vos yeux m'ont déshabillée
au premier regard
mon armure est au vestiaire
je m'avance vulnérable

première rencontre
depuis mes journées sans vous
semblent éternelles
pour nous voir attendrez-vous
que l'hirondelle revienne?

jardins de Valloires
dans ma poche quelques graines
d'une plante rare
dans la terre longtemps en friche
saurez-vous m'épanouir?

fin du cours de danse
sur le parquet ondule encore
l'ombre des rideaux
vos mains posées sur mes hanches
plus sages que nos regards

la lune un peu triste
j'esquisse votre visage
sur la vitre froide
quand viendrez-vous chez moi
vous réchauffer à mon souffle?

l'orage est passé
les nuages laissent place
au chant d'un oiseau
vous le merle et l'arc-en-ciel
vous illuminez ma vie

bientôt le printemps
le merle chante à tue tête
au sommet de l'arbre
mon émoi est plus discret
pourtant je voudrais qu'ils sachent

week-end à Deauville
dans l'outremer de vos yeux
prudence chavire
à votre annulaire une trace
je plonge tête baissée

nuit de pleine lune
je me tourne et me retourne
seule dans mon lit
loin de vous je me consume
et elle qui reste froide

les entendez-vous
dès que j'ouvre les volets
ces pies qui jacassent ?
je me fous du monde entier
puisqu'on s'aime chantait Piaf

au bord de l'étang
vous vous laissez caresser
par l'ombre des saules
gardez-vous le souvenir
d'autres baisers sur vos lèvres?

touffeur estivale
les agapanthes s'inclinent
sous le papillon
mon corps ne peut résister
à la fougue de vos lèvres

croisé dans la rue
au hasard d'un courant d'air
votre parfum
je l'ai humé en pensant
qu'avec lui vous m'emplissiez

ce bouton de fleur
que vous m'offrez aujourd'hui
j'aimerais en voir
ses pétales s'épanouir
jusqu'au rose sur mes joues

un rai de lumière
s'attarde sur la fourrure
du chat endormi
la caresse de vos yeux
réveille en moi l'animal

vous me manquez tant
je raconte à mon journal
nos secrets intimes
ma plume sur le papier
calligraphie nos caresses

dans votre chandail
à l'endroit maille à l'envers
mon corps se rappelle
ah! si votre clair désir
pouvait diriger ma main

pluie insistante
je la laisse piétiner
les feuilles rougies
pensant à vos mains pressées
de soulever mes dentelles

en décembre blanc
côte à côte dans la neige
nos traces de pas
je crains toujours qu'un jupon
ne vienne les effacer

dans la boîte aux lettres
un pli m'apportant enfin
de vos nouvelles
en déchirant l'enveloppe
je pense à votre chemise

du bout de mes doigts
je lis vos grains de beauté
tant d'étés sans moi
et tant d'hivers devant nous
que nous ensoleillerons

gravées dans l'écorce
du plus beau chêne du parc
nos deux initiales
sur nous se succèderont
tempêtes et embellies

la mer étincelle
ses vagues viennent lécher
vos pieds sur le sable
il me file entre les doigts
de l'autre main vous retiens

premiers frissons
vos mains posées sur le ventre
chaud de la théière
m'aimez-vous toujours autant
à l'automne de ma vie?

première neige
vos cheveux déjà tout blancs
en quelques minutes
je nous imagine vieux
amoureux comme au début

Jazzy Jazz

un pas en avant
sur la porte de sa vie
une rose rouge
à son amoureux mystère
elle répond par un mot

un bout de satin
la machine à coudre neuve
l'habille d'un rien
première soirée d'été
premier rendez-vous coquin

parti de très loin
elle l'attend sur le quai
baiser tourterelle
dans son cœur en porcelaine
brille une lumière rouge

au petit matin
la cuisine parfumée
amoureusement
les oiseaux chantent la joie
les cloches sonnent la vie

devenue sa muse
elle sait se dévêtir
parole de l'âme
elle poétise l'amour
en murmurant tout le temps

 grand couché du jour
dans son lit à ses côtés
elle l'observe dormir
les papillons la chatouillent
comme si c'était hier

mélanger ses sens
à travers les émotions
une cigarette
les vibrations se ressentent
dans sa verdure fleurie

ivre de plaisir
elle chantonne de bonheur
la pluie l'accompagne
la rencontre des planètes
a fait naître l'étincelle

escalier roulant
elle monte elle descend
les bleus de la nuit
dans son étourdissement
la fuite se réfléchit

écrire les mots
que la parole ne dit
intimidation
la rivière coulera
les feuilles s'envoleront

le coupe papier
tranche au centre de sa chair
lettre de rupture
l'hiver s'en ira bientôt
les bourgeons repousseront

baiser orageux
les amours indiscutables
sèment la tendresse
vivre dans un abandon
des charges à retenir

perdus dans la brume
les chants de sa mélodie
la grenouille coasse
la pluie adoucit les pierres
le cœur poli par la peine

Sido

le printemps aux lèvres
moi blottie là contre toi
sous ton regard tendre
comme fleur de cerisier
entre les branches je suis

une libellule
trouble-t-elle la surface
du monde à l'envers
l'eau claire du mien frémit
quand tu effleures mon bras

nœuds de satin blanc
d'une surprise coquine
se dérobent glissent
sur des mains trop impatientes
les malices de l'esquive

soieries qui me disent
tes mots murmurés tout bas
au secret des plis
nos réveils au point du jour
en un paresseux bien-être

le sais-tu je peux
écrire sur ton visage
même dans le noir
lire les lignes brisées
des joies des soucis des peines

de mes doigts je sens
les saisons sous tes yeux clairs
le blanc de l'hiver
égaré dans tes cheveux
aux reflets gris argentés

vois tu ces nuages
taguant par endroit l'azur
d'un ciel de septembre
le blanc de mes jours d'attente
lorsque tu es loin de moi

ombres grandissantes
dans un ciel crachant du rouge
c'est sans importance
je veux en te regardant
ne penser qu'aux instants bleus

bien long cet hiver
dans la maison les craquements
de la vieille armoire
accompagnent mes soupirs
dis quand me reviendras-tu

quelques rayons froids
sur le chêne centenaire
que nous admirions
sans la chaleur de tes bras
comment affronter le temps

un brouillard épais
dissimule le chemin
pour aller je ne sais où
j'avance enrobée de gris
comme effacée - où es-tu ?

dans ma chevelure
le gris s'étend quand partout
le carmin explose
je veux moi aussi rougir
pour de nouveaux mots d'amour

Martine Morillon-Carreau

j'aime tant ce chant
son parfum de soir caché
sa voix sans parole
ta fenêtre ouvre au printemps
nous l'écoutons côte à côte

l'aube après le bal
cheval croisé dans la brume
si près de la ville
mais *rue des pas enchantés*
nous marchons tu prends ma main

chaleur éclatante
dans la lumière qui tremble
la mer ne dit rien
au brasier blanc du soleil
midi ardent oui je t'aime !

une barque ancrée
dans l'océan de la nuit
ce croissant de lune
tout éclaboussé d'étoiles
tu m'invites à embarquer

en habits de noces
le fleuve aux portes un train passe
plus loin tu m'emmènes
prenons le train qui s'en va
il faut écouter Cendrars…

les reflets sur l'eau
des petits bateaux à voile
échos sous le pont
je ne suis que l'air qui vibre
l'arche habitée par ta voix

échos sous le pont
c'était ta voix sa douceur
quelque chose en rêve
toi en moi toi je te nomme
dans la nuit où tu m'attends

Rome si complice
la fontaine de Trevi
est aux amoureux
ce quatorze février
murmure *dolce vita* !

l'air mélancolique
sans regarder les passants
elle marche vite
toute revêtue de rose
ce jour de Saint-Valentin

Marie-Jeanne Sakhinis-de Meis

fête foraine
autour d'une pomme rouge
bouches béantes
des étoiles plein les yeux
deux ados même regard

au fond du jardin
sur le vieux banc vermoulu
nichoirs aux oiseaux
les hiéroglyphes gravés
de promesses pas tenues

reflets sur vitre
dans le Train Grande Vitesse
des regards furtifs
au détour de mes pensées
des envies de voyage

entre les rochers
un petit coin d'eau fraîche
et ton corps si chaud
le ciel la mer confondus
sur le sable tout chavire

seuls sur la plage
le sable se dérobe
sous nos corps brûlants
l'adolescence surgit
plus rien autour ne compte

braver l'interdit
phare de la Garoupe
le bruit des vagues
dans le roulis de tes bras
cri strident des mouettes

j'entends le ruisseau
sans penser au lendemain
le manque de nos ébats
sous les draps vierges d'ennui
ma main caresse le vide

horizon voilé
dans l'océan les cendres
un linceul mouvant
à la vie et à la mort
mes dernières volontés

Lilas Ligier

langueur de printemps
la terre noire et humide
le ventre en offrande
impudique en souriant
viens me prendre par la main
.

dans le vieux miroir
le printemps et mes pensées
nouveau rouge à lèvres
et dans un froufrou de soie
mon sang se remet à battre

moiteur dans la chambre
sur ta bouche un goût de sel
sous la mienne un cri
à chaque éclair le désir
devient encore plus vif

sur la douce mousse
le lent chemin des fourmis
inlassablement
ta main le long de mon dos
me déclenche un long frisson

matin de printemps
un peintre siffle gaiement
du vent sous ma robe
je pense souvent au sourire
gourmand dont tu me dévores

là abandonnés
sur la table quelques mots
froissant le silence
ah ! que reviennent encore
les poèmes de l'été

grand remue-ménage
dans les buissons d'aubépines
un oiseau s'envole
comme je voudrais le suivre
là haut jusqu'aux nuages

au-delà du seuil
scintille l'herbe givrée
l'hiver prend ses aises
dans les froidures de l'aube
nos souffles incandescents

doré et sucré
cet automne dans les vignes
brûlant de promesses
pour notre arrière-saison
ivre de festins suaves

froissement de soie
sans vergogne à la fenêtre
la brise du soir
caresse ta chevelure
sous ma prunelle jalouse

rouges les cerises
amour quand je pense à toi
rouges sont mes joues
du jeune sang y afflue
à l'appel de mon désir

vent de printemps
de fleur en fleur au hasard
erre mon regard
depuis qu'il ne te voit plus
rien ne l'apaise jamais

peu à peu l'automne
se rhabille de couleurs
toutes mes collines
sous tes caresses exquises
s'abandonnent au soleil

Thérèse Alberg

soleil sur le port
perdu mes lunettes noires
nos regards croisés
un grand coup dans la poitrine
si violent là si violent

surprise et délices
comme un mur derrière moi
qui soudain s'écroule
jusqu'au fond de tout mon corps
j'en ai senti la secousse

un bonjour timide
engourdi sous la surprise
sourire bêta
balbutiant une sottise
j'ai senti trembler mes lèvres

prénoms échangés
dans un murmure sans voix
le Carré soufflé
vidé de toute présence
nous sommes seules au monde

ni enfants ni chiens
ni poussettes ni mouettes
plus rien n'existe
minute de flottement
longtemps je m'en souviendrai

petites oreilles
où je poserai mes lèvres
écoutez d'abord
quelques mots très bas très doux
secrets *for your ears only*

pour ne pas nous perdre
nous nous rapprochons un peu
de mes cheveux longs
le vent caresse son cou
que je n'ose encor toucher

nos mains électriques
du doigt j'écarte la mèche
masquant son visage
un banc sous les Cariatides
pour nous laisser respirer

et soudain l'angoisse
je suis violente avec elle ?
à quoi pense-t-elle ?
que ressent-elle pour moi ?
et si j'avais tout gâché ?

m'aime-t-elle donc
aussi vite et aussi fort
ou se laisse-t-elle
faire par simple paresse ?
la foudre tombe sur nous !

qui connaît ma peine
qui devine mon désir
où est mon égale ?
qui saura me consoler
d'être moi parmi vous tous ?

les baisers de femmes
sont tellement plus tendres
là rien n'est brutal
entre nous rien n'est forcé
notre amour n'est que douceur

elle met soudain
sa main sur mon cou serrant
mes cheveux ma nuque
et sa bouche sur la mienne
se pose si doucement !

j'ai tenu sa main
sur le marbre au point c'est sûr
de le faire fondre
il fallait bien m'accrocher
dans le grand souffle coupé

et j'ai alors su
c'était elle et c'était moi
le notaire fou
avait perdu notre page
et nous l'avons retrouvée

je lui donnerai
les meilleurs de mes beaux jours
ma colère aussi
mes nuits sombres et la joie
de nous réveiller ensemble

sur un blanc nuage
passé la Place Puget
nous avons monté
l'escalier tournant vertige
et enfin la bonne clé

à baiser donné
baiser mille fois rendu
tous les jours suivants
près de la verte fontaine
le soleil en bonne place

vous ne saurez rien
de la couleur de nos jours
des plis de nos draps
nos rires et nos fatigues
vous seront terre inconnue

au bonheur des dames,
ces quelques pages.

amoureuses

tanka de femmes

Imprimé novembre 2016,
dépôt légal décembre 2016.

www.ingramcontent.com/pod-product-compliance
Lightning Source LLC
Chambersburg PA
CBHW051813040426
42446CB00007B/655